51
Lb 3512

HISTOIRE

DE LA

COLONNE NAPOLÉONE,

ÉRIGÉE PAR

L'Armée expéditionnaire et la Flottille,

A LA GLOIRE

DE

L'EMPEREUR NAPOLÉON.

BOULOGNE-SUR-MER.

DURIEZ, LIBRAIRE, RUE DE L'ÉCU, N° 6.

1841.

EN VENTE, CHEZ DURIEZ, LIBRAIRE, RUE DE L'ÉCU.

UN DESSIN
REPRÉSENTANT
LA MARCHE DU CORTÉGE.

L'Histoire de Boulogne,
2 volumes in-8°,
Par LE Dr P. BERTRAND,
A l'obligeance duquel nous devons la Gravure qui se trouve en tête de cette *Notice*.

HISTOIRE

DE

LA COLONNE NAPOLÉONE.

De tous les monuments élevés par une génération, et destinés à transmettre aux siècles futurs le souvenir de grands événements ou de vastes entreprises, il n'en est point dont l'origine soit plus noble que celle de la Colonne de Boulogne, dont nous essayons aujourd'hui de retracer un historique aussi succinct et aussi complet que possible.

Elevé à la gloire du plus grand capitaine des temps anciens et modernes, et en mémoire d'un projet gigantesque qui, s'il avait réussi, aurait complètement changé la face des nations, en rendant la France maîtresse et arbitre souveraine du monde, ce monument, soit à cause de la haute idée qui a présidé à son exécution, soit en raison de la source d'où proviennent les fonds au moyen desquels il a été construit, soit comme œuvre d'art, mérite d'attirer l'attention des historiens, des militaires, des artistes, de ceux enfin qui sentent leur cœur battre à toute pensée généreuse tendant à rendre la patrie illustre et fière.

Afin de remplir en totalité le programme que nous nous sommes tracé, il est nécessaire de rappeler rapidement ici les causes qui amenèrent l'armée sur notre plage, et l'intention qui avait provoqué la réunion de tant de braves soldats, déjà couverts des lauriers qu'ils avaient moissonnés sur tous les points où la France avait eu des ennemis à combattre.

La campagne d'Italie n'avait été qu'une suite de combats glorieux et de grandes victoires. La paix venait d'être conclue avec les puissances du continent; l'Angleterre seule paraissait disposée à entretenir les feux de la guerre.

Le traité de Campo-Formio, que le général de l'armée d'Italie venait de signer, mettait la république française au comble de sa gloire.

Le directoire, s'alarmant de la puissance de Bonaparte et de l'admiration dont il était l'objet, voulut donner de l'occupation à un homme qui lui paraissait si redoutable, et pensa mettre alors à exécution le projet qu'il avait conçu d'une descente en Angleterre, pour forcer cette puissance à faire la paix.

Le général Bonaparte, nommé chef de cette expédition, arrive incognito à Boulogne, le 22 pluviôse an VII (10 février 1798), sous le nom d'un de ses aides-de-camp, examine les côtes, prend des notes sur les moyens d'opérer, et repart comme l'éclair, en disant :

« *Boulogne est destiné à devenir le théâtre de grands événements.* »

Le projet de descente en Angleterre fut bientôt abandonné pour la conquête de l'Egypte. Cette conquête parut un moyen plus sûr au directoire de se défaire du général, qui déjà, avait bravé son autorité suprême et usurpé ses fonctions, alors qu'en Italie il détermina sans l'aveu des directeurs, les principes qui devaient régler la république.

Mais l'étoile du général était toute puissante. De grands événements s'accomplissent en peu de temps. Bonaparte victorieux était de retour d'Egypte. Le 18 brumaire, en renversant le directoire, l'avait élu *premier consul*. Il avait traversé les Alpes, et venait d'ajouter à sa gloire dans les pleines de Marengo. La paix avait été de nouveau signée à Lunéville.

Le premier consul, alors comprit que, pour placer la France au point où il la voulait élever, il fallait avant tout détruire ou au moins amoindrir la puissance de sa rivale l'Angleterre, qui, dans toutes les crises subies par notre pays, a si fatalement pesé sur nos destinées. Mais l'Angleterre n'est pas une puissance continentale ; l'océan qui l'entoure fait sa principale force. Il fallait donc avant tout vaincre un obstacle immense, c'est-à-dire traverser les huit lieues de mer qui séparent la France de la côte anglaise la plus rapprochée. Il fallait créer sur la côte française un port vaste et sûr ; il fallait environner ce port de défenses formidables ; il fallait réunir dans ce port une flottille assez nombreuse pour suffire d'un seul coup au trajet d'une centaine de mille hommes ; il fallait enfin rassembler sur un seul point, et à portée des navires sur lesquels on devait les embarquer, ces cent mille hommes, choisis dans l'élite des soldats qui fesaient alors l'orgueil de la France.

Le port de Boulogne, qui avait été reconnu par

le directoire propre à cette grande expédition, fut choisi par le premier consul comme le point le plus favorable à la réunion de ses navires. Des ordres furent donnés en conséquence, et bientôt notre port, qui depuis longtemps n'abritait que des bateaux pêcheurs, fut entouré de quais vastes et commodes, pourvu d'ateliers de construction de tous genres, défendu par des forts et des redoutes qui firent donner par nos ennemis eux-mêmes le nom *de côte de fer* à notre côte, jadis si peu belliqueuse. Enfin s'établirent plusieurs camps d'une vaste étendue, où s'abritaient et s'exerçaient, en attendant l'heure de la bataille, 180,000 vieux soldats, commandés par nos généraux les plus distingués.

Dans notre port ainsi transformé, comme par enchantement, une flottille de plus de 2,000 navires ne tarda pas à être réunie, et classée d'après le tonnage et la force des bâtiments qui la composaient.

Les Boulonnais furent alors témoins de la plus grande assemblée de militaires et de marins que jamais port de guerre ait possédé.

Bientôt éclata la conspiration de Pichegru, dans laquelle se trouvait impliqué le général Moreau.

Le sénat, pour mettre fin aux conspirations sans cesse renouvellées, arrêter les projets des ambitieux, et assurer enfin un brillant avenir à la France, décerna à *Napoléon Bonaparte* la couronne impériale. Cette nouvelle fut reçue à Boulogne avec enthousiasme par les troupes de terre et de mer.

Tandis qu'on s'occupait de donner à toutes les branches de l'administration des centres d'activité locale, qui refluaient vers le chef de l'état, pour en recevoir une nouvelle impulsion, le port, la ville et les camps de Boulogne présentaient un ensemble de préparatifs et de mouvements qui annonçaient que bientôt le grand coup serait tenté contre l'Angleterre, et que bientôt la mer serait couverte de cette immense flottille dont notre port était rempli.

L'exécution de ce plan gigantesque fut l'ouvrage de l'armée elle-même, et tout était prêt pour l'expédition lorsque l'empereur arriva à Boulogne, le 30 messidor an XII (19 juillet 1804.)

Napoléon passa près d'un mois parmi nous, imprimant à tous les travaux son étonnante activité. Le 15 août 1804, jour de sa naissance, fut désigné par lui pour une solemnité d'un éclat que nulle autre n'a pu atteindre depuis. Nous voulons parler de la distribution des aigles de la légion d'honneur, non seulement à son armée, mais encore à un grand nombre de fonctionnaires civils, invités à se rendre à Boulogne pour cet objet.

Cette solemnité eut lieu dans la vallée de Terlincthun, située à une demi-lieue environ de Boulogne, sur un terrain qui s'incline doucement vers la mer et forme un vaste amphithéâtre, très favorable à l'éclat de la cérémonie. Vingt colonnes d'infanterie, de soixante hommes de front, sur une hauteur indéterminée, s'échelonnèrent sur la pente de cet amphithéâtre naturel. Elles étaient couronnées par la cavalerie, et l'espace conservé vide ne contenait que les états-majors généraux et les drapeaux des corps, placés en avant des légionnaires qui devaient prêter le serment. Au centre de ce théâtre, dont le rayon était de 50 toises, s'élevait le trône de l'empereur, ayant à ses côtés la garde impériale et toute la musique de l'armée. Le siège de ce trône n'était autre que le fauteuil antique du roi Dagobert, surmonté d'un trophée de drapeaux et guidons, pris dans les batailles de Montenotte, de Lodi, d'Arcole, de Rivoli, de Castiglione, des Pyramides, du Mont-Tabor, d'Aboukir, et de Marengo.

L'armure en pied des électeurs du Hanovre figurait au milieu de ce groupe, et le tout était orné des guidons pourprées des Beys d'Egypte.

Les décorations à distribuer aux légionnaires avaient été placées dans le casque de Duguesclin et sur le bouclier de Bayard.

Lorsque Napoléon parut, deux mille tambours battirent aux champs, et ne purent cependant pas étouffer les cris d'enthousiasme qui saluèrent l'arrivée du héros

Alors commença la cérémonie. Les grands officiers, les commandants, les officiers et les simples légionnaires s'approchèrent successivement du trône, et reçurent individuellement des mains de l'Empereur la décoration de la légion. Bientôt le canon retentit sur tous les points, et l'écho alla dire à l'Angleterre que le vainqueur de l'Italie et de l'Egypte distribuait des marques d'honneur à ses anciens compagnons d'armes.

C'est à la suite de cette imposante cérémonie, et afin d'en transmettre le souvenir à la postérité d'une manière durable, que l'armée, par un ordre du jour en date du 1er vendémiaire an XIII, vota l'érection de la Colonne.

Voici la copie de cet ordre du jour dont les termes expliquent clairement et dignement la pensée de l'armée.

EMPIRE FRANÇAIS.

ÉTAT-MAJOR GÉNÉRAL.

(CAMP DE St-OMER.)

Au quartier-général à Boulogne, le 1er vendémiaire an XIII.

ORDRE DU JOUR.

Les troupes du camp de Saint-Omer, voulant offrir au monarque dont le génie préside aux destins de la France un témoignage éclatant d'amour et d'admiration, ont résolu :

D'ériger un monument capable de résister aux siècles, qui, s'alliant aux souvenirs de sa gloire et de sa grandeur, atteste à l'univers, ainsi qu'à tous les âges, leur dévouement et leur fidélité au premier empereur des Français, de retracer à la postérité l'institution des récompenses décernées par le héros à l'honneur et à la bravoure;

De consacrer la mémoire des immenses travaux créés par sa pensée, qui ont fait de l'espace occupé par l'armée un rempart formidable et le centre d'une expédition nécessaire au repos du monde;

Et enfin de vouer à la vénération des peuples le lieu où l'empereur Napoléon venait partager les fatigues et les travaux de son armée, la façonner à de nouveaux combats, et préparer le succès de sa vaste entreprise.

Exprimant le vœu de l'armée, le maréchal commandant en chef arrête le programme suivant :

Sur un piédestal quadrangulaire, il sera élevé une colonne de 50 mètres d'élévation, surmontée de la statue colossale de S. M. l'empereur.

La statue de S. M. sera en bronze, revêtue des ornements impériaux; elle portera le sceptre et la couronne.

Les quatre faces du piédestal présenteront :

Sur la première, l'hommage que l'armée fait de ce monument à Napoléon, premier empereur des Français; le sujet sera allégorique et par inscription.

Sur la seconde, la cérémonie de la distribution de l'aigle de la légion-d'honneur par S. M. au milieu de l'armée, le 28 thermidor an XII.

Sur la troisième, les trois ports de Boulogne, Wimereux, et Ambleteuse, et la flotille en rade.

La quatrième offrira l'aspect des camps, de la colonne, et celui de la tour d'Ordre, poste consacré par le séjour qu'y a fait S. M. l'empereur.

Les tables des quatre faces du piédestal seront en bronze, et représenteront en relief les sujets exprimés ci-dessus.

Les ornements du piédestal et du chapiteau offriront dans une proportion exacte les divers bâtiments de la flotille et des trophées d'armes de toute espèce.

L'entablement du piédestal et le chapiteau seront en marbre blanc statuaire, et la colonne en marbre du Boulonnais.

Dans l'intérieur du piédestal, il sera pratiqué une chambre d'archives pour y renfermer l'historique de l'expédition, les médailles frappées depuis le gouvernement de S. M. l'empereur, et le contrôle de l'armée.

Les militaires de l'armée travailleront et concourront seuls à la confection de ce monument. Quatre commissaires seront désignés pour en suivre l'exécution.

La statue de S. M. l'empereur, ainsi que les reliefs et ornements du piédestal et du chapiteau, seront donnés au concours, aux artistes les plus distingués de l'empire.

La colonne sera placée entre le quartier-général impérial de la tour d'Ordre et le camp de la première division en vue du continent, en face du canal et des îles britanniques.

La première pierre de ce monument sera posée le 18 brumaire prochain, époque de l'anniversaire de la régénération de la France, sous le gouvernement réparateur de Napoléon-le-Grand.

Il sera fait à Boulogne une fondation à perpétuité pour la conservation de ce monument.

Le maréchal commandant en chef,

Signé SOULT.

Le général de division chef de l'état-major général,

Signé F. ANDREOSSY.

Pour l'adjudant-commandant sous-chef de l'état-major général,

L'adjoint SALLÉE.

Nous ferons remarquer ici quel fut l'enthousiasme avec lequel le projet d'élever une colonne à Napoléon fut conçu et accepté. L'ordre du jour qui précède porte la date du 1er vendémiaire, et le 18 brumaire, la première pierre du monument est déjà posée par le maréchal Soult, accompagné de l'amiral Bruix et de tous les généraux présents à Boulogne. C'était alors un temps de vastes et nobles pensées et leur exécution, comme on le voit, ne se faisait pas attendre.

Cette pierre porte l'inscription suivante :

PREMIÈRE PIERRE
DU MONUMENT, DÉCERNÉ
PAR L'ARMÉE EXPÉDITIONNAIRE DE BOULOGNE
ET LA FLOTILLE,
A L'EMPEREUR NAPOLÉON,
POSÉE PAR LE MARÉCHAL SOULT, COMMANDANT EN CHEF,
18 BRUMAIRE AN XIII (9 NOVEMBRE 1804).

Les fondations de la colonne furent faites de rochers tirés de la falaise voisine; elles reposent sur le roc, et le monument entier, qui a 53 mètres 60 centimètres de hauteur, est construit en marbre extrait des carrières de Marquise, auquel on a donné depuis le nom de marbre Napoléon. Il est d'un gris foncé agatisé et susceptible de recevoir un beau poli ; quelques parties des soubassements et de l'intérieur sont en marbre brun, également extrait dans le pays.

Le plan de la Colonne est dû à M. Labarre, architecte, qui, malgré quelques différences dans les détails, s'est évidemment inspiré de la colonne Trajane. Comme cette dernière, la colonne de Boulogne est d'ordre dorique composé et construite par assises superposées.

Des quatre bas-reliefs qui dans l'origine devaient orner le piédestal, le premier avait seul été exécuté ; il fut détruit en 1815.

Le muséum de Boulogne possède les plâtres des bas-reliefs qui ont pu échapper à la destruction.

Le piédestal devait être surmonté d'un aigle en bronze aux ailes déployées ; d'autres aigles également en bronze devaient être placés au sommet et supporter le pavois sur lequel devait être mise la statue de l'empereur.

Le couronnement, les aigles, la statue n'étaient pas achevés lors de la rentrée des Bourbons en 1815. Leur exécution ne fut point terminée.

La colonne de Boulogne eut à traverser des phases bien diverses ; de 1804 à 1815 elle fut poursuivie sous l'inspiration de la pensée qui avait présidé à son érection.

A la restauration, elle fut pour un instant oubliée ; mais en 1817 et sur la demande du conseil municipal de Boulogne, les travaux reprirent leur activité, après toutefois que le nom et la destination du monument eurent été complètement changés. Elle fut alors appelée colonne des Bourbons ; l'on arrêta qu'elle serait consacrée à perpétuer leur retour en France, et le 2 juillet 1821, une boîte en plomb contenant diverses pièces de monnaie, fut déposée par M. le baron Siméon, préfet du Pas-de-Calais, dans l'une des dernières pierres du noyau de l'escalier. Cette boîte contenait aussi une médaille en bronze à l'effigie de Louis XVIII, avec cette inscription :

> Cette Colonne,
> Votée par l'armée réunie à Boulogne,
> D'où elle menaçait l'Angleterre,
> A été commencée en 1804 ;

Devenue un Monument de paix,
Par la restauration du trône des Bourbons,
Elle a été achevée sous les auspices
De S. M. Louis XVIII,
Et consacrée au souvenir toujours cher aux Français
De son heureux retour dans ses états
En 1814.

Le monument fut provisoirement surmonté d'un globe fleur delisé et doré, qui plus tard, devait céder la place à une statue de la paix. Quatre fleurs-de-lys furent sculptées aux quatre angles du tailloir du chapiteau.

Vint la révolution de Juillet, qui devait rendre à la colonne de Boulogne sa destination première, grâce au patriotisme des Chambres qui, sur une demande de crédit de 156,000 francs présentée par le gouvernement pour terminer les travaux, ajoutèrent de leur propre mouvement une somme de 60,000 fr., afin qu'on put placer au sommet du monument la grande figure de Napoléon ; mais comme il fallait bien expliquer que le monument avait été achevé sous le règne de Louis Philippe Ier, la flatterie ne craignit pas de mentir à l'histoire en proposant une inscription ainsi conçue :

Ludovicus–Philippus I,
Francorum rex,
Quo loco Neapolio, imp.
Exercitui florentissimo, invicto, propugnatori patriæ,
Uti memoria ejus diei qui fuit XVI august, ann. MDCCC,IV
Gloriaque exercitûs
Monumento consecratæ, posteris traderentur,
Columnam
A Neapolione, IX novemb ann. M.D.CCC.IV. inchoatam,
Opere diù intermisso,
Perficiendam curavit, dedicarique precipit.
M. D. CCC. XXXVIII.

Sur l'autre face :

Ici
Le XVI août M. DCCC. IV,
Napoléon, en présence de la Grande Armée
Distribua les décorations de la Légion-d'Honneur,
Aux soldats, aux citoyens
Qui avaient bien mérité de la patrie ;
Il voulut
Perpétuer le souvenir de cette journée par un Monument.
Louis-Philippe Ier, roi des Français,
Érige cette Colonne
A la Grande Armée, à Napoléon,
M. DCCC. XXXVIII.

Triste exemple de la servilité à laquelle peut descendre un corps qui cependant n'est composé que des hommes les plus instruits de la nation. Empressons-nous de dire que cette inscription ne fut point adoptée, grâce à des réclamations parties de Boulogne même.

L'exécution de la statue votée par les chambres a été confiée au talent de M. le baron Bosio. Elle représente Napoléon en grand costume impérial, tenant son sceptre d'une main et de l'autre l'ordre de la légion-d'honneur. Elle a cinq mètres de hauteur, et son poids est de 4,800 kilos.

Les bas reliefs sont réduits à deux. Celui de la face principale, dû à M. Bra, représente la cérémonie de l'hommage, conformément au plan primitif. Napoléon s'y trouve, assis sur son trône, entouré de ses généraux, et recevant le plan de la Colonne votée par l'armée.

Celui de la face opposée, confié à M. Lemaire, représente la distribution des croix, le 15 août 1804.

Tous deux sont en bronze, environnés d'attributs sculptés sur le marbre nu.

Les travaux d'achèvement ont eu lieu par les soins de M. Henry-Faudier, architecte de Boulogne, et de M. Morey, architecte de Paris.

Aujourd'hui 15 août 1841, la statue de l'Empereur Napoléon est enfin placée sur le monument que l'armée lui a voté en 1804 avec tant d'enthousiasme. Dans nos temps de troubles et de changements soudains, il n'a pas fallu moins de 37 années pour achever une œuvre qui paraissait, à l'époque où son exécution fut décidée, devoir être terminée dans un délai de 10 ans au plus. C'est que pendant ces 37 années l'armée, le peuple, le gouvernement ont dû faire de bien grandes choses, et s'occuper constamment de celles où leur attention se trouvait le plus vivement sollicitée.

De grandes victoires suivies de revers non moins grands ; une double invasion, appelée et soutenue par des traitres restés impunis pour la plupart; un gouvernement renversé ; un autre élevé en sa place et forcé par la nature même des choses de se défendre chaque jour contre des ennemis sans cesse renaissans ; telles sont les vicissitudes à travers lesquelles la Colonne de Boulogne a dû passer, avant de parvenir au point où nous la voyons aujourd'hui.

Dans l'intervalle, et par une juste réciprocité, Napoléon avait pensé devoir rendre à son armée l'hommage qu'il en avait reçu. Si l'armée lui avait voté une colonne de marbre, payée des deniers du plus humble soldat, l'empereur à son tour éleva à son armée une colonne de bronze, dont les matériaux furent payés par les ennemis de la France. Entre le monument de Boulogne et celui de la place Vendôme, il existe donc une fraternité patente. Tous deux nous rappellent notre ancienne gloire ; tous deux semblent nous indiquer ce que nous pouvons faire par le souvenir de ce que nous avons fait ; tous deux ont à leur sommet l'image de celui qui porta nos destinées à un si haut degré de splendeur. L'un se trouve au centre de la France, l'autre à la frontière ; l'un à la tête, l'autre au cœur. Tous deux enfin semblent nous dire qu'une invasion est désormais impossible, car l'ombre de notre grand capitaine veille sur nous, et si l'ennemi forçait, malgré nos efforts, les limites de notre territoire, à coup sûr il n'en sortirait pas vivant.

BOULOGNE. — IMP. DE H. GRISET.

www.ingramcontent.com/pod-product-compliance
Lightning Source LLC
Chambersburg PA
CBHW071449060426
42450CB00009BA/2355